Cupcake REVOLUTION

Alma Obregón

A Pinky, por muchos años de prr prr.

¡Hola!

Pinky y yo queremos darte la bienvenida a este libro. ¡Es un honor para nosotras que nos leas! En estas páginas encontrarás nuestras recetas favoritas: postres, meriendas y desayunos deliciosos que prepararás sin complicarte la vida. ¡Son superfáciles!

Desde hoy mismo tu cocina va a oler maravillosamente cada vez que empieces a hacer algo en ella. Bueno, salvo el día en que se te quemen los cupcakes (ese día olerá a quemado). Si se queman una vez, ¡la próxima seguro que no vuelve a pasar!!

Eso sí, antes de leer, una advertencia. Tienes que saber que, si sigues las recetas de este libro al pie de la letra y las compartes con tus amigos, es probable que te surjan más amigos. Muchos más amigos. De hecho, puede que te conviertas en la persona más popular de tu clase... o del instituto... ¡¡incluso del barrio!! Así que si prefieres vivir en el anonimato, cierra este libro y abandona antes de que sea demasiado tarde. Si por el contrario estás preparad@ para soportar el peso de la fama.

¡¡A HORNEAR!!

CONSEJILLOS

para todas mis recetas

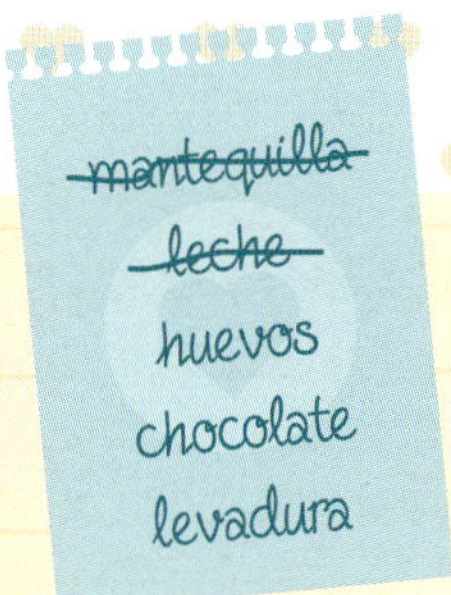

1

Antes de preparar cualquier receta de este libro fíjate muy bien en la lista de ingredientes. ¡¡Es importante que no te falte ninguno!!

Verás que la gran mayoría los tienes en tu cocina y, si no, todos son muy fáciles de encontrar en el supermercado de la esquina.

En todo caso, si tienes dudas, consulta la sección "ingredientes" de este libro.

2

Pesa muy bien TODOS los ingredientes del libro.

No vale hacerlo "a ojo" (ya, ya sé que tu abuela cocina al tanteo y le sale delicioso, pero ni tú ni yo tenemos nietos aún, ¿no?).

3

Controla las temperaturas que se indican. Si pone 180°C para el horno, tienes que precalentarlo antes de usarlo: es decir, tienes que encenderlo unos 10 minutos antes para que alcance la temperatura deseada, y sólo entonces puedes meter tus cupcakes (o lo que sea) al horno.

4

Respeta los tiempos de horneado: cuando el bizcocho esté horneado ¡¡sácalo!! No vale dejarlo dentro del horno, aunque esté apagado.

Si lo dejas dentro se te va a secar tanto que parecerá una soleta.

Nota importante:

Las recetas de este libro están pensadas para HUMANOS. Sólo las dos últimas son para ANIMALES. No des de comer dulces a las mascotas, ya sabes que tienen necesidades nutricionales muy diferentes a las nuestras y que algunos de los ingredientes les pueden caer mal. ¡¡Y tampoco se coman las recetas que están pensadas para ellos, QUE NO RESPONDO!!

INGREDIENTES

que no te pueden faltar

Verás que hay algunos ingredientes que se repiten en casi todas las recetas: harina, huevos, leche, mantequilla, aceite... Todos ellos los puedes encontrar fácilmente en el supermercado.

De todas formas, aquí tienes más detalles sobre ellos:

-Leche: puedes usar la que más te guste, desde leche entera a leche de soya, sin lactosa, de avena...

-Harina: compra harina normal o de repostería. ¡OJO! Si es de repostería comprueba que pone 100% harina de trigo y no tiene ningún ingrediente adicional (gasificantes, levadura, etcétera), porque esa harina "leudante" no nos sirve.

-Mantequilla: igualmente, la que más te guste, pero que sea mantequilla sin sal y no margarina. Comprueba que tiene un 82% de materia grasa para mayor seguridad. Si no puedes comer mantequilla te recomiendo que pruebes a usar la margarina de soya que venden en en tiendas naturistas, ¡de lujo!

-Aceite: yo normalmente uso aceite suave de oliva, pero si en casa usas de girasol, también funciona.

-Azúcar blanco: el de siempre. Y el moreno suele estar en la misma estantería del super.

-Azúcar glas: es el azúcar superfino que venden en el supermercado. Sé que en algunas casas se hace con el molinillo o la thermomix, pero el resultado no es tan fino como el que venden y va a quedar todo "arenoso". Es mejor que lo compres ya hecho.

-Levadura química: es la de toda la vida. Viene en sobrecitos y es un polvito muy fino, blanco. Si parece semillas de algo es que compraste por error levadura seca de panadero.

-Colorantes, extractos, "Candy Melts": lo mejor para comprar estos ingredientes un poco más "raros" es acudir a una tienda de repostería (o a la sección de repostería de esos grandes almacenes en los que te compra los regalos de Navidad tu tía todos los años. Sí, la que siempre se equivoca de talla...). Te recomiendo que compres los colorantes en pasta, son mucho mejores que los líquidos.

HERRAMIENTAS y términos extraños que usamos los reposteros

1. Cápsulas: son los papelitos de los cupcakes. Como los de las magdalenas pero normalmente de colores. Aunque también sirven los de las magdalenas.

2. Batidora: lo mejor es que te compres una de esas con dos varillas duras. Cuando digo compres puedes sustituirlo por *"que te compren"* y pedirlo como regalo por tu linda cara.

3. Manga pastelera: es como una bolsa que acaba en una punta de plástico o metal intercambiable y que sirve para decorar tartas, hacer churros, echar el puré de patatas con estilo...
Seguro que en algún cajón de casa hay una y si no la encuentras fácilmente en tiendas de repostería, cosas del hogar o grandes almacenes.

4. Bandeja para cupcakes: es la que tiene cavidades para meter los cupcakes. La venden en todas partes últimamente, así que no tendrás problema en encontrarla. Sin ella las cápsulas se abren durante el horneado y quedan muy mal.

5. Cucharada y cucharadita: la cucharada es más o menos del tamaño de tu cuchara de sopa,

15 ml, y la cucharadita es parecida a la de café, 5 ml. Lo mejor es que te compres unas cucharas medidoras (que las venden en todos lados) pues así te aseguras de que estás echando la cantidad correcta.

6. Tamizar: es pasar la harina, el cacao, el azúcar o lo que sea por un tamiz o un colador. Es muy importante porque conseguimos evitar los grumos y que nuestros postres queden mucho más esponjosos y aireados. *¡No te saltes nunca este paso!*

7. Baño maría: No tiene nada que ver con tu amiga María ni con su baño. Literalmente se trata de poner un cazo con agua hirviendo (¡¡cuidado con las quemaduras!!) y encima otro cazo, en el que ponemos lo que queremos derretir o cocinar. Es importante que el cazo que está arriba se caliente por efecto del vapor que sube del agua hirviendo (es decir, que la base del cazo no toque el agua hirviendo).

Las RECETAS FAVORITAS de ALMA

¡A hornear!

CUPCAKES de DULCE DE LECHE, o lo que es lo mismo, ¡¡los cupcakes más fáciles del mundo mundial!!

Esta es la receta más fácil del mundo mundial. ¡Es tan fácil que hasta Pinky podría hacerla! BUENO, claro que para eso tendría que estar quieta un segundo, y no lo veo muy factible...

Para el bizcocho

- 100 ml de aceite de oliva suave
- 200 g de azúcar blanco
- 3 huevos M
- 200 g de harina
- 1.5 cucharaditas de levadura química
- 100 ml de leche

Para rellenar

- Dulce de leche o cajeta

Para la crema

- 250 g de mantequilla a temperatura ambiente
- 250 g de azúcar glas
- 4 o 5 cucharadas de dulce de leche o cajeta (¡al gusto!)

el palabro

"a temperatura ambiente":

básicamente significa que saques la mantequilla del refrigerador el día anterior o al menos un par de horas antes. Así te aseguras de que estará blandita.

¿Cómo se hace?

Encendemos el horno con calor arriba y abajo a 180° para que se vaya calentando.

Colocamos las cápsulas en el molde de cupcakes.

Tamizamos la harina con la levadura en un bol y reservamos.

En otro bol, con unas varillas, batimos bien el aceite con el azúcar y los huevos.

Cuando esté todo mezclado incorporamos la harina y mezclamos bien.

Finalmente añadimos la leche y removemos hasta tener una mezcla homogénea.

Llenamos las cápsulas máximo 2/3 de su capacidad. Yo uso una cuchara de helado para que caiga siempre la misma cantidad. Horneamos unos 20-22 minutos o hasta que al pinchar con un palillo salga limpio. Pasamos a una rejilla hasta que se enfríen.

Agujereamos el centro con el descorazonador de manzanas y rellenamos con dulce de leche.

Preparamos la crema. Tamizamos bien el azúcar glas. Después, con una batidora de varillas duras, lo batimos con la mantequilla (*recuerda: tiene que estar bien blandita, no derretida, blandita*).

Batimos al menos 5 minutos, hasta que la mezcla se ponga más clara y esponjosa. Añadimos las cucharadas de dulce de leche y batimos un minuto más.

Con ayuda de una manga pastelera, decoramos los cupcakes. Empezamos desde el centro del cupcake y giramos la manga, mientras apretamos, en el sentido de las agujas del reloj.

Usamos *sprinkles* de colores para decorar.

13 Truco de Pinky

¡¡Si no tienes *sprinkles* de colores, compra golosinas para decorar tus cupcakes!!

CUPCAKES RED VELVET
para triunfar en San Valentín

Parece que si en San Valentín no horneas unos Red Velvet, no eres nadie... Bueno, pues esta es la receta... ¡¡A HORNEAR!!

Para el bizcocho

- 60 ml de aceite de oliva suave
- 160 g de azúcar
- 1 huevo
- 1 cucharada de cacao sin azúcar
- 1.5 cucharaditas de extracto de vainilla
- 125 ml de leche
- 1 cucharadita de jugo de limón
- 150 g de harina
- 1/2 cucharadita de bicarbonato sódico
- 1 cucharadita de vinagre de manzana
- Colorante rojo en pasta

Para la crema

- 125 g de mantequilla sin sal a temperatura ambiente
- 300 g de azúcar glas
- 125 g de queso cremoso tipo Philadelphia

Para los corazones

- Candy Melts o chocolate

¿Cómo se hace?

Precalentamos el horno a 180° y preparamos los papelitos para cupcakes en el molde.

Ponemos la leche en un vaso y añadimos el jugo de limón.

Dejamos reposar 5 minutos. No te asustes… le saldrán grumos… ¡es normal! Es lo que queremos. Así el bizcocho saldrá más jugoso (¡¡¡He dicho que no te asustes!!! Jajaja.)

En un bol, batimos el azúcar con el aceite hasta que estén integrados. Sin dejar de batir añadimos el huevo y el extracto de vainilla.

Encima tamizamos la harina con el cacao y vamos mezclando todo, añadiendo poco a poco la leche (sí, ¡¡con los grumos!!).

Finalmente, en un vasito, mezclamos el vinagre con el bicarbonato sódico y cuando burbujee lo añadimos a la mezcla anterior. Cuando la mezcla sea homogénea, añadimos el colorante rojo. Así, podemos ajustar la cantidad necesaria para lograr la intensidad deseada.

Repartimos la mezcla en los papelitos de cupcakes, sin llenarlos más de 2/3, y horneamos durante 20 minutos o hasta que un palillo salga limpio. Los sacamos del horno y los dejamos enfriar 5 minutos en el molde y luego por completo sobre una rejilla.

Tamizamos el azúcar glas. A continuación, lo batimos con la mantequilla y la leche a velocidad máxima hasta que se integre. Añadimos el queso, que ha de estar frío, y batimos, primero a velocidad baja y luego aumentando la velocidad hasta que la mezcla sea homogénea y cremosa. Decoramos los cupcakes con la manga pastelera cuando estén fríos.

¿Cómo hacer los corazones?

Para hacer nuestros corazones, preparamos una bandeja de horno cubriéndola con papel vegetal. Lo pegamos por los laterales con cinta adhesiva, para que no se mueva.

Derretimos al baño maría nuestros Candy Melts o chocolate (blanco, negro o con leche). Lo colocamos en una manga pastelera, cortamos la punta y dibujamos corazones sobre un papel de horno.

Dejamos enfriar, los despegamos con cuidado y ¡¡ya están!! ¡¡Listos para ser utilizados!!

el palabro

"Candy Melts": son una especie de chocolates que venden en las tiendas de repostería. Realmente no son chocolate como tal y por lo tanto te permiten trabajar con ellos sin necesidad de estar temperando (como sería en el caso del chocolate).

Truco de Pinky 13

Si no tienes boquilla pequeña para la manga pastelera, simplemente corta la punta de la manga con cuidado y ya está, no necesitas más.

BATIDO SÚPER ENERGÉTICO de plátano y galleta para sobrevivir a los exámenes

Para sobrevivir a los exámenes, para desayunar, para merendar...
Realmente puedes hacer este batido cuando te dé la gana...
¡¡PORQUE TÚ LO VALES!!

Para 2 vasos grandes de batido

- 8 bolas de helado de vainilla
- Un vaso de leche
- 4 galletas tipo María
- 2 plátanos medianos

Para decorar

- 150 ml de nata para montar o crema batida (35% M.G.)
- 3 o 4 cucharadas de azúcar glas
- *Sprinkles*

13 Truco de Pinky

Si no te gusta el plátano, ¡prueba con fresas! Yo voy a probar con atún y salmón... ¡¡no me mires así!! ¡Soy un gato!

¿Cómo se hace?

Para hacer este batido puedes usar una batidora de vaso, como la mía, o una común y corriente de las de hacer el puré de zanahoria.

Lo ideal es sacar el helado del refrigerador una media hora antes para que esté blandito.

Colocamos el helado en el vaso de la batidora, después la leche. (Si estás usando una batidora de mano, aprovecha ya para batir un poco). Encima echamos las galletas y el plátano. Batimos un minuto o hasta que la mezcla esté plenamente integrada y salgan esas burbujitas maravillosas que indican que nuestro batido va a estar ¡¡irresistible!!

Servimos el batido en los vasos y refrigeramos mientras montamos la nata con ayuda de una batidora de varillas.

Cuando esté casi "montada", añadimos el azúcar glas y batimos hasta que esté consistente.

Decoramos los batidos con la nata. Alternativamente, puedes bajar al supermercado y comprar crema en spray… ¡¡así tardas menos y te libras de limpiar tantos cacharros!!

el palabro

"montar la nata":

Literalmente batirla con unas varillas hasta que tenga la textura de crema batida. ¡Cuidado, si te pasas se convertirá en mantequilla! *Puedes hacerlo a mano pero se hace eterno, jaja.*

CUPCAKES de CÍTRICOS para una noche de piyamas

Fáciles de hacer y súper fresquitos. Te gustarán tanto en verano como en invierno o primavera, otoño... De acuerdo, SIEMPRE.

Para el bizcocho

- 100 ml de aceite de oliva suave
- 200 g de azúcar blanco
- 3 huevos M
- 200 g de harina
- 1.5 cucharaditas de levadura química
- 50 ml de jugo de limón
- 50 ml de jugo de naranja
- Ralladura de un limón y de una naranja

Para rellenar

- Mermelada de naranja

Para la crema

- 250 g de mantequilla a temperatura ambiente
- 250 g de azúcar glas
- La ralladura de una naranja
- La ralladura de un limón

Truco de Pinky 13

Si tienes extracto de naranja y de limón puedes añadir media cucharadita de cada uno para conseguir un sabor más intenso a cítricos. Y un poco de ralladura de lima...

¿Cómo se hace?

Encendemos el horno con calor arriba y abajo a 180º para que se vaya calentando.

Colocamos las cápsulas en el molde de cupcakes.

Tamizamos la harina con la levadura en un bol y reservamos. En otro bol, con unas varillas, batimos bien el aceite con el azúcar y los huevos.

Cuando esté todo mezclado incorporamos la harina y mezclamos bien. Finalmente añadimos los jugos y la ralladura y removemos hasta tener una mezcla homogénea.

Llenamos las cápsulas máximo 2/3 de su capacidad. Yo uso una cuchara de helado para que caiga siempre la misma cantidad. Horneamos unos 20-22 minutos o hasta que al pinchar con un palillo salga limpio. Pasamos a una rejilla hasta que se enfríen.

Agujereamos el centro con el descorazonador de manzanas y rellenamos con la mermelada de naranja.

Preparamos la crema. Tamizamos bien el azúcar glas. Después, con una batidora de varillas duras, lo batimos con la mantequilla *(recuerda: tiene que estar bien blandita, no derretida, blandita).*

Batimos al menos 5 minutos, hasta que la mezcla se ponga más clara y esponjosa. Añadimos la ralladura y batimos un minuto más.

Con ayuda de una manga pastelera, decoramos los cupcakes. Empezamos desde el centro del cupcake y giramos la manga, mientras apretamos, en el sentido de las agujas del reloj.

¿Cómo hacer las banderitas?

Para hacer las banderitas necesitamos washi tape, tijeras y palillos.

Cortamos una tira de washi tape y la colocamos centrada en el palillo.

Doblamos por la mitad pegándolo bien. Cortamos la punta con las tijeras. ¡¡Listo!!

el palabro "washi tape":

es cinta adhesiva pero de colorines y de un material más cercano al papel que al plástico. La venden en papelerías y tiendas de cosas monas.

Truco de Pinky 13

Si no encuentras washi tape, puedes hacer lo mismo cortando tiras de papel de colores y pegándolas con pegamento de barra.

HOT CAKES CON CHIPS de CHOCOLATE para desayunar los domingos lluviosos

Creo que no existe en el mundo nada mejor para desayunar que una pila de hot cakes bien gordos con miel de maple... un momento... ¡¡sí existe!! ¡¡Una pila de hot cakes bien gordos con chips de chocolate y miel de maple!!

Para los hot cakes

- 230 g de harina
- 25 g de azúcar moreno
- 2 cucharaditas de levadura química
- 1/2 cucharadita de bicarbonato sódico
- 1 huevo
- 375 ml de leche
- 3 cucharadas de aceite
- Un montón de chips de chocolate con leche

el palabro

"Bicarbonato sódico": Es un gasificante y, como la levadura, hace que tus bizcochos suban dentro del horno. Lo venden en todos los supermercados, al lado de la sal, normalmente.

¿Cómo se hace?

En un bol grande, mezclamos bien la harina con el azúcar, la levadura y el bicarbonato.

En otro, batimos el huevo con la leche y el aceite. Incorporamos esta mezcla poco a poco al bol de la harina, usando unas varillas para integrar todo muy bien.

Conseguiremos una masa un poco grumosa… ¡¡perfecto!! Incorporamos dos buenos puñados de chips de chocolate.

Rociamos un sartén con un poco de spray antiadherente o un poquito de mantequilla.

La calentamos a fuego medio.

Echamos una buena cucharada de masa y encima un montón de chips de chocolate.

Esperamos a que se dore por debajo (1 minuto más o menos) y le damos la vuelta para que se dore por el otro lado.

La pasamos a un plato y repetimos la operación hasta acabar con toda la masa.

Trucos de Pinky 13

El primer hot cake te servirá para saber si el sartén tiene la temperatura correcta o no. Si se quema muy rápidamente, baja el fuego. Si por el contrario tarda muchísimo en hacerse, súbelo.

Una vez que tenemos los hot cakes hechos, nos los zampamos con un poco de miel de maple o de chocolate o mermelada o Nutella ¡¡¡o todo junto!!!

PASTEL DE QUESO de VAINILLA y CHOCOLATE

para conseguir que te dejen volver a casa más tarde

El truco es servir el pastel justo antes de explicar que este sábado quieres llegar a casa una hora más tarde. Importante empezar a explicarlo cuando YA lo estén comiendo... ¡¡les gustará tanto que te dejan seguro!!

Para la base

- 160 g de galletas tipo María
- 3 cucharadas de azúcar moreno
- 80 g de mantequilla

Para el ganache

- 165 g de chocolate negro bien troceado
- 135 ml de nata de montar o crema batida
- 35 g de mantequilla troceada

Para el relleno

- 750 g de queso tipo Philadelphia
- 160 g de azúcar blanco
- 3 cucharadas de harina
- 4 huevos M
- 65 ml de nata de montar o crema batida
- 2 cucharaditas de extracto o pasta de vainilla

el palabro

"ganache":

es una palabra francesa que describe esta emulsión de nata y chocolate. Si quieres decirla correctamente tendrás que decir algo así como "ganásh". Repite conmigo "ganásh"... ¡¡qué sofisticados sonamos!!

¿Cómo se hace?

Empezamos preparando el ganache: Colocamos el chocolate en un bol resistente al calor.

En un cazo, calentamos la nata hasta que empiece a hervir. La echamos sobre el chocolate y removemos bien hasta que la mezcla sea homogénea y el chocolate esté totalmente derretido. Incorporamos la mantequilla y removemos bien hasta que la mezcla sea homogénea. Cubrimos el bol con plástico adherente y dejamos templar hasta el momento de usarla.

Vamos con el pastel: Precalentamos el horno a 180°. Engrasamos el molde de 18 cms desmontable con un poco de mantequilla o spray desmoldante.

Ponemos a fundir la mantequilla. Una vez fundida, la retiramos del fuego.

Trituramos las galletas, las mezclamos con el azúcar moreno y añadimos todo a la mantequilla.

Mezclamos bien. Cubrimos la base del molde con la masa y lo metemos al refrigerador para que endurezca.

Mientras se enfría, preparamos el relleno.

Batimos a velocidad BAJA el queso con el azúcar blanco y la harina hasta que la mezcla sea homogénea. Incorporamos los huevos, uno a uno. Finalmente, añadimos la nata mezclada con la vainilla, y batimos de nuevo, siempre LENTAMENTE hasta que estén bien integrados.

Sacamos la base del refrigerador y la rellenamos con la masa de queso.

Horneamos el pastel durante 15 minutos a 180° y después bajamos la temperatura a 120° y continuamos horneando, al menos, 60-70 minutos, o hasta que toda la superficie haya cuajado y solo quede el centro un poco húmedo.

Dejamos que enfríe a temperatura ambiente. Después lo metemos al frigorífico un par de horas (mínimo) para que logre la consistencia adecuada.

Truco de Pinky 13

Si vas mal de tiempo o no tienes chocolate, decórala con mermelada de fresa, ¡De rechupete!

Importante no meter el pastel caliente a refrigerar o corres el riesgo de que se raje por arriba. Bueno, que da igual porque nos lo vamos a comer sí o sí y lo taparemos con el ganache, pero el que avisa no es traidor :)

Decoramos con la espátula y nos lo comemos. Es mejor retirar una media hora antes de servir para que regrese a temperatura ambiente :)

HELADO de NUTELLA

para devorar antes de ir a la piscina

Antes de hacerlo respira hondo y repite conmigo: NO me lo voy a comer entero. NO me lo voy a comer entero. NO me lo voy a comer entero. ¿¿Te parece una tontería?? Pues ya verás... Luego no me digas que engordaste por mi culpa...

Para el helado

- 400 ml de nata para montar o crema batida
- 50 ml de leche
- 250 g de nutella
- 50 g de azúcar

¿Cómo se hace?

Ponemos todos los ingredientes en un cazo. Calentamos a fuego medio, batiendo hasta que la mezcla esté integrada, no hace falta que hierva. Dejamos enfriar un par de horas en el refrigerador.

Lo echamos en la máquina heladora y lo dejamos ahí, helándose (haciéndose helado, mejor dicho), hasta que tenga la consistencia deseada.

Truco de Pinky 13

Echa unos chips de chocolate, trocitos de brownie o de galleta en la mezcla antes de meterla en el congelador...

¡LO COMEMOS A CUCHARADAS!

el palabro

“máquina heladora”:

Literalmente es una máquina que enfría la mezcla a la vez que la remueve, logrando una cremosidad maravilloooosa. Si no tienes, un truco: haz la misma receta, échala en un bol y mételo al congelador. Sácalo y remueve la mezcla una vez cada hora con la batidora. ¡Al cabo de 3-4 horas tendrás un helado maravilloooooooooso!

PASTEL DE CHOCOLATE

para superar una ruptura

Me da igual si la ruptura es de corazón o de hueso.
Sea lo que sea, este pastel (aunque no lo cure) lo aliviará.
No hay NADA en este mundo como comer chocolate
en cantidades ingentes para alegrar el espíritu (y el estómago).

Para el bizcocho

Para 3 moldes bajitos de 15 cm de diámetro (o uno alto)

- 80 ml de aceite de oliva suave
- 250 g de azúcar
- 150 g de harina
- 50 g de cacao
- 2 cucharaditas de levadura química
- 2 huevos M
- 100 ml de batido de chocolate
- 125 ml de agua recién hervida

Para el relleno y la decoración

- 115 g de mantequilla sin sal
- 425 g de azúcar superfino
- 85 g de cacao en polvo sin azúcar
- 105 ml de batido de chocolate

¿Cómo se hace?

Precalentamos el horno a 180°.

Engrasamos los moldes con mantequilla y los enharinamos (o los rociamos con spray desmoldante).

En un bol, tamizamos harina, cacao y levadura química. Reservamos. Batimos aceite, azúcar y huevos hasta que están bien integrados. Incorporamos la mezcla de harina y cacao. Una vez la mezcla sea homogénea, incorporamos el batido y batimos de nuevo.

Finalmente incorporamos el agua, recién hervida. Batimos de nuevo.

Si tenemos un solo molde alto, echamos la masa y horneamos 45-50 minutos o hasta que los bordes del bizcocho se separen ligeramente del molde y al introducir un palillo salga limpio. Si tenemos 3 moldes, dividimos la masa en tres y horneamos unos 25-30 minutos.

Truco de Pinky 13

¡¡¡¡No olvides engrasar los moldes o no podrás sacar los bizcochos!!!! Para mayor seguridad, recorta un círculo de papel de horno del tamaño del molde y colócalo en la base antes de echar la masa. Saldrá mucho mejor.

Esperamos a que se enfríen casi por completo antes de desmoldar sobre una rejilla, ya que cuando están calientes son muy frágiles.

el palabro

"enharinar":

Si quieres garantizar que los bizcochos salgan mejor del molde, tras engrasarlos con un poco de mantequilla, echa una cucharadita de harina en el centro y agita el molde para que se reparta por todo (se quedará pegada a la mantequilla). Así seguro que sale con más facilidad.

Para preparar la crema hemos de tamizar el azúcar con el cacao y colocarlos en un bol junto con la mantequilla y el batido.

Cubriendo el bol, batimos a velocidad baja un minuto. Después subimos la velocidad y batimos al menos otros 5 minutos a velocidad alta. La crema se volverá muy cremosa, de color chocolate intenso.

Igualamos los bizcochos y montamos la tarta, alternando cada capa de bizcocho con una capa de crema que echaremos con la espátula.

Refrigeramos un buen rato hasta que esté bien consistente. Cubrimos con la crema, usando la espátula.

Decoramos la parte superior con ayuda de la manga pastelera y bombones.

CUPCAKES DEL MONSTRUO DE LAS GALLETAS

para seducir a la persona que te gusta

Estos cupcakes funcionan siempre: quizá no seduzcas a la persona que te gusta pero le arrancarás una sonrisa y ¡eso siempre es buen comienzo! Si no te sonríe, pídele que te devuelva tus cupcakes y vete en busca de otra persona que los merezca.

Para el bizcocho

- 100 ml de aceite de oliva suave
- 200 g de azúcar blanco
- 3 huevos M
- 200 g de harina
- 1.5 cucharaditas de levadura química
- 100 ml de leche
- Una cucharadita de extracto de vainilla

Para la crema

- 250 g de mantequilla a temperatura ambiente
- 250 g de azúcar glas
- 2 cucharaditas de extracto de vainilla o vainilla en pasta
- Colorante rojo y azul en pasta
- Fondant blanco, negro y amarillo

el palabro
"extracto de vainilla":

verás que en el supermercado venden aroma de vainilla. Puedes usarlo en su lugar, pero si tienes la suerte de vivir cerca de una tienda de repostería (o de poder comprar online), compra extracto: es natural, más concentrado y su sabor es mucho mejor que el del aroma.

¿Cómo se hace?

Encendemos el horno con calor arriba y abajo a 180° para que se vaya calentando.

Colocamos las cápsulas en el molde de cupcakes.

Tamizamos la harina con la levadura en un bol y reservamos.

En otro bol, con unas varillas, batimos bien el aceite con el azúcar y los huevos.

Cuando esté todo mezclado incorporamos la harina y mezclamos bien. Finalmente añadimos la vainilla y removemos hasta tener una mezcla homogénea.

Llenamos las cápsulas máximo 2/3 de su capacidad. Yo uso una cuchara de helado para que caiga siempre la misma cantidad.

Horneamos unos 20-22 minutos o hasta que al pinchar con un palillo salga limpio. Pasamos a una rejilla hasta que se enfríen.

Preparamos la crema. Tamizamos bien el azúcar glas. Después, con una batidora de varillas duras, lo batimos con la mantequilla.

Batimos al menos 5 minutos, hasta que la mezcla se ponga más clara y esponjosa. Añadimos la vainilla y batimos un poco más.

Dividimos la crema en dos y teñimos la mitad de rojo y la mitad de azul. Cubrimos los cupcakes con la crema. Lo que nos sobra lo metemos en dos mangas pasteleras con boquilla de césped (es una con muuuuuchos agujeritos pequeños).

Usamos la manga pastelera para crear el pelo del monstruo.

Truco de Pinky 13

Con esta misma boquilla puedes hacer un campo de futbol sobre los cupcakes (tiñendo la crema de verde) y con el fondant blanco y negro hacer balones de futbol. Se nota mi creatividad gatuna...

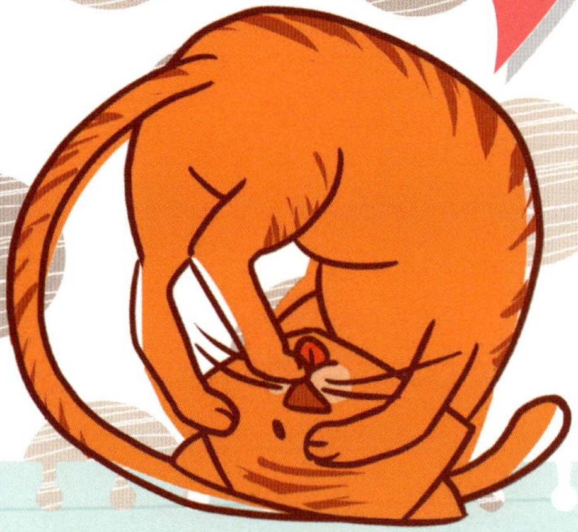

Para hacer los ojos, haz dos bolas bien grandes de fondant de color blanco y dos chiquititas de color negro. Usa un poco de agua para pegar las bolitas negras (que serán las pupilas) a las blancas.

A continuación, para Coco, sólo necesitarás media *cookie* para simular su boca. En el caso de Elmo, has de preparar también una bola amarilla (la nariz) y una boca negra.

Para la boca, extiende el fondant con ayuda de un rodillo y corta círculos con un cortador (si no tienes un cortador, puedes usar un vaso pequeño como guía y cortar con un cuchillo).

Luego divide los círculos por la mitad y ¡¡ya tendrás la boca!! (Otra opción es, directamente, cortar una galleta tipo Oreo por la mitad).

Truco de Pinky 13

Si se te pega el fondant a las manos o a la mesa, espolvoréala con un poco de maicena y verás cómo se acaba el problema.

WAFFLES

para desayunar un fin de semana sin padres

Bueno, también los puedes hacer si están tus padres... ¡pero entonces haz el doble de la receta, o te quedas sin probarlos!

Para los waffles

- 260 g de harina
- 1/2 cucharadita de levadura química
- 1/2 cucharadita de bicarbonato sódico
- 1/2 cucharadita de sal
- 3 buenas cucharadas de azúcar moreno
- 2 huevos
- 80 ml de aceite suave de oliva
- 325 ml de leche
- Chips de chocolate por montón

¿Cómo se hace?

Ponemos a calentar la waflera (eléctrica o sobre la plancha si es de hierro como la mía).

el palabro "waflera":

Bueno, no es un palabro, pero sí es algo que normalmente no tenemos en casa. Lo mejor es que mires en alguna tienda de electrodomésticos o del hogar. Siempre hay alguna y tienen diferentes diseños, desde el más tradicional al circular que es súper bonito.

En un bol grande, mezclamos bien la harina con el azúcar, la levadura, la sal y el bicarbonato.

En otro, batimos los huevos con la leche y el aceite. Incorporamos esta mezcla poco a poco al bol de la harina, usando unas varillas para integrar todo muy bien.

Incorporamos dos buenos puñados de chips de chocolate.

Rociamos la waflera con un poco de spray antiadherente o un poquito de mantequilla.

Echamos una buena cucharada de masa. Si estamos usando una waflera eléctrica esperamos a que se dore bien por debajo y por arriba. Si estamos usando una manual como la mía, cuando veamos que está hecho el waffle por debajo, le damos la vuelta para que se dore por el otro lado.

Lo pasamos a un plato y repetimos la operación hasta acabar con toda la masa.

Una vez que tenemos todos los waffles, nos atrincheramos en la cocina y nos los comemos con un poco de nata, o helado, o miel de maple, o de chocolate, o nutella, o mermelada, o dulce de leche...

Truco de Pinky 13

La masa no es muy dulce, así que si quieres hacerlos sin chips de chocolate lo mejor es que dobles la cantidad de azúcar.

COOKIES SÚPER SANAS Y VEGANAS

para picotear de cuando en cuando

Estas galletas son súper sanas y encima ¡son respetuosas con el mundo animal al 100%! Cuando las prueben los demás no creerán que no llevan ni huevos ni leche ni mantequilla, ¡YA LO VERÁS!

Ingredientes para 15 galletas

- 80 ml de aceite suave de oliva
- 120 g de azúcar
- 3 cucharadas de leche de avena
- 1 cucharada de jarabe de agave
- 1 cucharada de maicena
- 1/4 cucharadita de bicarbonato sódico
- 150 g de harina integral
- 70 g de copos de avena
- 80 g de pistaches picados

Para el glaseado

- 100 g de azúcar glas
- 4 cucharadas de nata vegetal
- Un chorrito de agua

¿Cómo se hace?

Precalentamos el horno a 180° y preparamos dos bandejas con papel de horno o Silpat.

Batimos el aceite con el jarabe de agave, los azúcares y la leche. Incorporamos la harina, tamizada con el bicarbonato y la maicena y mezclamos bien.

Añadimos los pistaches picados y los copos de avena.

Amasamos con ayuda de las manos hasta lograr una masa homogénea.

Cogemos porciones de masa (aproximadamente dos cucharadas) y les damos forma de bola.

Las colocamos sobre las bandejas de horno, espaciadas.

Las aplastamos bastante con la palma de la mano (estas galletas prácticamente no se expanden).

el palabro

"jarabe de agave":

Es un líquido similar a la miel que se extrae de unas plantas llamadas Agave. Lo venden en herbolarios y en muchos supermercados. Si no lo encuentras, también puedes usar miel de maple que está ¡ñaaaaaaaaaaam!

El Truco de Pinky

En vez de pistaches puedes usar nueces... o pasas... o chips de chocolate... o chips de mantequilla de cacahuate... o avellanas... ¡¡o todo junto!!

Horneamos durante 8-9 minutos, o hasta que los bordes empiecen a estar ligeramente dorados.

Dejamos enfriar en la bandeja y luego transferimos a una rejilla.

Preparamos el glaseado mezclando el azúcar y la nata, y añadiendo un poquito de agua hasta que la mezcla no esté demasiado densa.

Decoramos las galletas.

PASTEL DE CUMPLEAÑOS

para celebrar tu gran día por todo lo alto

Para celebrar tu cumpleaños o tu "no" cumpleaños.
Feliz, feliz no cumpleaños... ¿a ti? ¡¡A MÍ!!

Para el bizcocho

Para 3 moldes bajitos de 15cm de diámetro (o uno alto)

- 200 ml de aceite
- 200 g de azúcar
- 200 g de harina
- 2 cucharaditas de levadura química
- 4 huevos
- 1 cucharadita de extracto de vainilla

Para el relleno

- Mermelada de fresa

Para la crema

- 300 g de mantequilla a temperatura ambiente
- 300 g de azúcar glas
- 3 cucharaditas de extracto de vainilla (o al gusto)
- Colorantes en pasta rosa y azul

HAPPY BIRTHDAY

¿Cómo se hace?

Precalentamos el horno a 180°.

Engrasamos y enharinamos los moldes o los rociamos con spray desmoldante.

En un bol, tamizamos harina y levadura química. Reservamos.

Batimos aceite, azúcar y huevos hasta que estén bien integrados. Incorporamos la harina y batimos de nuevo. Añadimos la vainilla y mezclamos hasta que la masa sea homogénea.

Pesamos la masa y la repartimos equitativamente entre los moldes. Si tenemos un solo molde alto, echamos la masa y horneamos 45-50 minutos o hasta que los bordes del bizcocho se separen ligeramente del molde y al introducir un palillo salga limpio. Si tenemos 3 moldes, dividimos la masa en tres y horneamos unos 25-30 minutos.

Desmoldamos cuando el molde esté templado al tacto y dejamos enfriar por completo sobre una rejilla.

Preparamos la crema. Tamizamos bien el azúcar glas. Después, con una batidora de varillas duras, lo batimos con la mantequilla (recuerda: tiene que estar bien blandita, no derretida, blandita).

Batimos al menos 5 minutos, hasta que la mezcla se ponga más clara y esponjosa. Añadimos la vainilla y batimos un minuto más. Teñimos la mitad de rosa y la mitad de azul con colorantes en pasta.

el palabro

"colorantes en pasta":

Son colorantes más concentrados que los líquidos y tiñen mucho mejor. Están a la venta en tiendas especializadas y grandes almacenes con sección de repostería.

Igualamos los bizcochos con ayuda de la lira (corta pasteles). Rellenamos con una capa de mermelada entre cada piso de bizcocho.

Cubrimos la tarta con una capita fina de crema que sujetará las migas y nos permitirá realizar una decoración chula.

Preparamos dos mangas pasteleras con boquilla redonda (yo uso la 12 de Wilton) y vamos a hacer "puntos" de masa alternando colores, en filas de arriba abajo. Cada vez que hagas una fila, aplástalos todos con una espátula o una cucharita pequeña y haz otra fila encima. Haz lo mismo en la parte superior de la tarta, esta vez con círculos concéntricos. Decora tu tarta con una vela chula…
¡¡A COMER!!

13 Truco de Pinky

Usa los colores de tu equipo de futbol favorito, imprime el escudo en una cartulina, recórtalo, pégalo a un palillo y clávalo en el centro.
Tus amigos estarán encantados.

CUPCAKES LIGHT

para ir preparando el verano

Se acabó lo de sufrir por la operación bikini o la tableta de chocolate. ¿Quién dijo que no se pueden hacer cupcakes light? Estos son muy bajos en grasas y calorías y, además, están de rechupete.

Para el bizcocho

- 90 ml de puré de manzana sin azúcar (casero o comprado)
- 150 g de azúcar moreno
- 30 ml de aceite suave de oliva
- 140 g de harina integral
- 1.5 cucharaditas de levadura química (tipo Royal)
- 120 ml de leche desnatada o de avena

Para la crema

- 4 claras
- 220 g de azúcar
- Frambuesas, arándanos, moras...

¿Cómo se hace?

Precalentamos el horno a 180º.

Preparamos la bandeja para cupcakes con 12 cápsulas.

Tamizamos la harina con la levadura química. Reservamos.

Batimos el aceite con el azúcar y el puré de manzana. Añadimos la mitad de la harina y batimos hasta que la mezcla sea homogénea. A continuación añadimos la leche de avena y finalmente el resto de la harina. Incorporamos la fruta con una espátula.

Repartimos la mezcla en las cápsulas, sin llenarlas más de 2/3.

Horneamos 20-22 minutos o hasta que un palillo salga limpio.

Dejamos enfriar en el molde 5 minutos y después pasamos los cupcakes a una rejilla, hasta que se enfríen por completo.

Decoramos los cupcakes con la manga pastelera y las frutas.

Truco de Pinky 13

Prueba a sustituir los frutos rojos por un plátano machacado y añade un par de cucharaditas de canela...

Ñammmmmmmmm digo... Miauuuuuuuu

¿Cómo se hace el merengue?

Para preparar el merengue, calentamos las claras con el azúcar al baño maría sin dejar de remover hasta que el azúcar se disuelva por completo.

Entonces pasamos la mezcla al bol de la batidora y batimos con las varillas a punto de nieve hasta lograr un merengue brillante.

el palabro "merengue":

Además de un estilo de baile y de música, el merengue es el resultado de batir claras de huevo con azúcar. Al batirlas, se incorpora aire y se ponen blancas y esponjosas.

HOT CAKES FITNESS para antes de ir al gimnasio

Para antes de ir al gimnasio, o para después, o para desayunar, o para lo que se te ocurra. Estos hot cakes te cargarán de las energías que necesitas para aguantar todo el día.

Para los hot cakes

- 4 claras de huevo
- 40 g de copos de avena
- ½ plátano en rodajas
- 1 cucharadita de canela
- 1 cucharadita de edulcorante líquido (opcional)

¿Cómo se hace?

Ponemos todos los ingredientes en la picadora o en la batidora de vaso.

Batimos hasta tener una masa casi homogénea (quedará un poco grumosa, es normal).

Pasamos la masa a un bol.

el palabro

"spray antiadherente":

Es un spray con un líquido que hace que las cosas no se peguen a los moldes y sartenes. En su lugar puedes usar un spray de aceite de oliva o directamente un poquito de aceite (y quitar el exceso con un papel).

Truco de Pinky 13

No pongas el fuego muy fuerte, estos hot cakes se queman fácilmente.

Rociamos un sartén con un poco de spray antiadherente, quitamos el exceso con un papel. Lo calentamos a fuego medio. Echamos una buena cucharada de masa.

Esperamos a que se dore por debajo (1 minuto más o menos) y le damos la vuelta para que se dore por el otro lado.

Lo pasamos a un plato y repetimos la operación hasta acabar con toda la masa.

Una vez que tenemos los hot cakes hechos, nos los zampamos con un poco de mermelada "light" o un poco de miel o jarabe de agave...

CUPCAKES
para esos días que, simplemente, quieres comer chocolate

Si te gusta el chocolate te vas a morir con estos cupcakes. En serio. Están DEMASIADO buenos. Yo aviso...

Para el bizcocho

- 100 ml de aceite suave de oliva
- 2 huevos
- 120 g de azúcar moreno
- 115 ml de nata líquida (35% M.G.)
- 20 ml de miel
- 120 g de harina
- 35 g de cacao en polvo sin azúcar
- 1 cucharadita de levadura química tipo Royal (polvo de hornear)
- 1/2 cucharadita de bicarbonato sódico
- Una tableta de chocolate (150 g) troceada

Para la crema

- 115 g de mantequilla sin sal
- 425 g de azúcar superfino
- 85 g de cacao en polvo sin azúcar
- 100 ml de leche
- 3 cucharadas de nocilla o nutella (o al gusto)

¿Cómo se hace?

Precalentamos el horno a 180° (calor arriba y abajo) o 160° (ventilador).

Mezclamos bien los 5 primeros ingredientes de la receta. Reservamos.

En un bol, tamizamos la harina con el cacao, la levadura y el bicarbonato. Incorporamos esta mezcla a la mezcla anterior. Incorporamos el chocolate troceado con una espátula.

Repartimos la masa en las cápsulas.

Horneamos 20-22 minutos o hasta que al pinchar con un palillo salgan unas poquitas migas (muy poquitas) pegadas. Dejamos templar en el molde y luego sobre una rejilla.

Para preparar la crema hemos de tamizar el azúcar con el cacao en polvo y colocarlos en un bol junto con la mantequilla y la leche. Cubriendo el bol, batimos a velocidad baja un minuto. Después subimos la velocidad y batimos al menos otros 5 minutos a velocidad alta. La crema se volverá muy cremosa, de color chocolate intenso. Añadimos la nutella o nocilla y batimos de nuevo.

Cubrimos los cupcakes con la crema usando una espátula y luego decoramos con ayuda de la manga pastelera, primero del centro hacia afuera y luego desde fuera hacia dentro, ¡hasta lograr una sobredosis de chocolate!

Decoramos con *sprinkles* y una cereza confitada.

Truco de Pinky 13

Para un chocolateamiento aún mayor, descorazona los cupcakes y rellénalos de jarabe de chocolate.
¡Ole ole ole!

el palabro

"cacao en polvo sin azúcar":

Es el tipo de cacao que venden para repostería y que indica claramente que no tiene azúcar. No es el que viene con azúcar para preparar una bebida en casa. ¡Cuidado que ese hace que los cupcakes queden súper densos!

COOKIES DE TRES CHOCOLATES

para matar el gusanillo a media mañana

Cuidado con estas cookies. Es posible que en vez de matar el gusanillo lo alimentes y al final te comas las 24 cuando podías haberte comido una manzana y punto. ¡¡ES UN CONSEJO!!

Para 24 galletas

- 150 g de mantequilla
- 100 g de azúcar de caña integral
- 100 g de azúcar blanco
- 1 huevo
- 1 cucharadita de extracto de vainilla
- 1/2 cucharadita de bicarbonato sódico
- 250 g de harina
- 80 g de chips de chocolate negro
- 100 g de chocolate con leche
- 100 g de chocolate blanco
- Un puñado de nueces
- Mini malvaviscos

¿Cómo se hace?

Batimos la mantequilla con los dos tipos de azúcar hasta que estén integrados y la mezcla sea muy cremosa.

Incorporamos el huevo y la vainilla y batimos de nuevo.

Tamizamos harina y bicarbonato. Los añadimos al bol de la mantequilla, batiendo a la velocidad mínima.

Refrigeramos el bol durante 15-20 minutos.

Pasado ese tiempo preparamos dos bandejas de horno con papel de horno o Silpat.

Tomamos porciones de la masa (aproximadamente dos cucharadas de masa cada vez). Hacemos bolas y las colocamos espaciadas sobre la bandeja, aplastándolas un poquito con la palma de la mano.

Podemos colocar trocitos de chocolate y nueces sobre ellas antes de hornearlas.

Horneamos a 180° unos 12 minutos o hasta que se doren.

Nada más sacarlas del horno colocamos las mini nubes por encima, con cuidado de no quemarnos. Con aplastar un poquito basta.

Las dejamos templar en la bandeja y después que se enfríen por completo sobre una rejilla.

CUPCAKES DE HELADO para sobrevivir al calor del verano

Con estos cupcakes vas a sorprender a todo el mundo. En serio. SE VAN A VOLAR. Si no encuentras cucuruchos como los míos no te preocupes, Pinky tiene un truco infalible para que lo hagas con cucuruchos normales.

Para el bizcocho

- 100 ml de aceite de oliva suave
- 200 g de azúcar blanco
- 3 huevos M
- 200 g de harina
- 1.5 cucharaditas de levadura química
- 100 ml de leche
- 3 cucharaditas de extracto de vainilla
- 12 cucuruchos planos o normales
- Un montón de confeti comestible o sprinkles de colores

Para rellenar

- Jarabe de caramelo o jarabe de chocolate o leche condensada o mantequilla de cacahuate o nutella o nocilla o nocilla blanca... ¡¡Lo que quieras!! Jajaja.

Para la crema

- 250 g de mantequilla a temperatura ambiente
- 250 g de azúcar glas
- 4 o 5 cucharadas de nutella. O más. Unas 6... 8... ¡¡las que quieras!!

¿Cómo se hace?

Encendemos el horno con calor arriba y abajo a 180° para que se vaya calentando.

Colocamos los cucuruchos planos en el molde de cupcakes.

Tamizamos la harina con la levadura en un bol y reservamos.

En otro bol, con unas varillas, batimos bien el aceite con el azúcar y los huevos.

Cuando esté todo mezclado incorporamos la harina y mezclamos bien. Finalmente añadimos la vainilla y el confeti de colores y removemos hasta tener una mezcla homogénea.

Llenamos los cucuruchos máximo 2/3 de su capacidad. Yo uso una cuchara de helado para que caiga siempre la misma cantidad.

Horneamos unos 20-22 minutos o hasta que al pinchar con un palillo salga limpio. Pasamos a una rejilla hasta que se enfríen.

Preparamos la crema. Tamizamos bien el azúcar glas. Después, con una batidora de varillas duras, lo batimos con la mantequilla.

Truco de Pinky 13

Hornea los cupcakes en cápsulas normales, quita los papelitos y recorta el bizcocho hasta que quepa en el cucurucho. Rellena el cucurucho con la Nutella, coloca encima el bizcocho recortado, ¡y ya está listo para que lo decores como los de la foto!

Batimos al menos 5 minutos, hasta que la mezcla se ponga más clara y esponjosa. Añadimos la nutella y batimos un poco más.

Descorazonamos los cupcakes-helado con ayuda de un descorazonador de manzanas.

Rellenamos con lo que más nos guste.

Decoramos con la manga pastelera, sprinkles, una cereza, una pajita, ¡¡lo que queramos!!

CUPCAKES DE FRAMBUESA Y VAINILLA

para quedar muy bien con tu madre. O tu abuela. O las dos.

Éxito garantizado con madres, abuelas, profesoras y todo tipo de mujeres con las que quieras caer bien... ¡personaliza el "wrapper" con su estampado favorito!!

Para el bizcocho

- 100 ml de aceite de oliva suave
- 200 g de azúcar blanco
- 3 huevos M
- 200 g de harina
- 1.5 cucharaditas de levadura química
- 100 ml de leche
- Un paquete de frambuesas
- Dos cucharaditas de extracto o pasta de vainilla

Para la crema

- 350 g de mantequilla a temperatura ambiente
- 220 g de azúcar
- 4 claras de huevo
- 3 cucharadas de frambuesa en pasta

El truco de Pinky

Si no tienes frambuesa en pasta, puedes usar 150g de chocolate blanco derretido. Recuerda dejarlo reposar un poco antes de añadirlo para que esté a temperatura ambiente.

¿Cómo se hace?

Encendemos el horno con calor arriba y abajo a 180° para que se vaya calentando.

Colocamos las cápsulas en el molde de cupcakes.

Tamizamos la harina con la levadura en un bol y reservamos.

En otro bol, con unas varillas, batimos bien el aceite con el azúcar y los huevos.

Cuando esté todo mezclado incorporamos la harina y mezclamos bien. Finalmente añadimos la leche y la vainilla hasta tener una mezcla homogénea.

Llenamos las cápsulas máximo 2/3 de su capacidad y clavamos 3 frambuesas en cada uno.

Yo uso una cuchara de helado para que caiga siempre la misma cantidad.

Horneamos unos 20-22 minutos o hasta que al pinchar con un palillo salga limpio. Pasamos a una rejilla hasta que se enfríen.

Preparamos la crema. Calentamos las claras con el azúcar al baño maría. *¡¡No te despistes o se hará un omelet!!* Cuando veas que el azúcar se ha disuelto por completo, quítalo del fuego y echa las claras en un bol.

Usa tu batidora de varillas para batirlas a punto de nieve hasta que estén brillantes y bien firmes *(Si tienes dudas mira las fotos de la receta de los cupcakes light).* En ese momento puedes comenzar a añadir la mantequilla, cortada en cubitos pequeños. Sigue batiendo unos 5 minutos más hasta que la crema esté sedosa.

Finalmente, añade la pasta de frambuesa. Con ayuda de una manga pastelera, decoramos los cupcakes. *(Mira la receta de los cupcakes de chocolate para saber cómo decorar con esta técnica).*

¿Cómo hacer los wrappers?

el palabro "wrapper":

son fundas que se ponen a las cápsulas de los cupcakes y que quedan ¡súper monas!

Para hacer los "wrappers" necesitas la plantilla que tienes en esta página, tijeras y papel de colores.

¡¡¡Los míos son comprados pero puedes hacer los tuyos con tu papel favorito!!! Mira qué bonito este papel de lunares. Fotocopia la plantilla de esta página. Recórtala.

Con un bolígrafo, marca el revés de tu papel de colores. Recorta con las tijeras y ¡¡listo!!

Ya sólo tienes que montarlos como el de la foto. Puedes ayudarte con cinta adhesiva por el interior.

CUPCAKES de CHOCOLATE

para impresionar a todos tus amigos del Face

Facebook, Twitter... lo que sea. Tú sube las fotos de estos cupcakes cuando los hagas y verás. Te van a salir amigos de debajo de las piedras...

Para el bizcocho

- 100 ml de aceite de oliva suave
- 2 huevos
- 120 g de azúcar moreno
- 115 ml de nata líquida (35% M.G.)
- 20 ml de miel
- 120 g de harina
- 35 g de cacao en polvo sin azúcar
- 1 cucharadita de levadura química
- 1/2 cucharadita de bicarbonato sódico
- 10 galletas de oreo machacadas

Para la crema de chocolate

- 200 g de mantequilla a temperatura ambiente
- 200 g de azúcar glas
- 150 g de chocolate negro derretido

Mmmm

¿Cómo se hace?

Derretimos el chocolate al baño maría.

Precalentamos el horno a 180° (calor arriba y abajo) o 160° (ventilador).

Mezclamos bien los 5 primeros ingredientes de la receta. Reservamos.

En un bol, tamizamos la harina con el cacao, la levadura y el bicarbonato. Incorporamos esta mezcla a la mezcla anterior.

Incorporamos las oreo troceadas con una espátula.

Repartimos la masa en las cápsulas.

Horneamos 20-22 minutos o hasta que al pinchar con un palillo salgan unas poquitas migas (muy poquitas) pegadas.

Dejamos templar en el molde y luego sobre una rejilla.

Para preparar la crema fundimos el chocolate al baño maría y lo dejamos en un bol para que se enfríe un poquito.

Tamizamos el azúcar superfino. Lo colocamos en el bol de la batidora con la mantequilla y batimos hasta lograr una mezcla casi blanca, muy esponjosa.

Incorporamos el chocolate poco a poco. Batimos hasta tener una crema homogénea.

Cubrimos los cupcakes con la crema usando una espátula y luego decoramos con ayuda de la manga pastelera del centro hacia afuera.

Usamos media oreo para completar la decoración.

Truco de Pinky 13

Para un mayor sabor a oreo tritura otras 5 galletas oreo con la picadora, tamiza las migas resultantes y añádelas a la crema.
¡ÑAM!

DONUTS

mucho **mejores** que las de la cafetería de la escuela

Más buenas, más sanas, hechas por ti...
¿QUÉ MÁS SE PUEDE PEDIR?

Para 12 unidades

- 400 g de harina
- 4 cucharaditas de levadura química
- 115 g de azúcar de caña integral
- 1/2 cucharadita de sal
- 3 huevos batidos
- 70 g de mantequilla blanda
- 330 ml de nata líquida
- Dos cucharaditas de extracto de vainilla

Para decorar

- Nutella

¿Cómo se hace?

Tamiza la harina con la levadura en un cuenco. Reserva.

Bate la mantequilla con el azúcar, la vainilla y los huevos con ayuda de una batidora.

Sigue batiendo y añade la mitad de la harina, luego la mitad de la nata, luego el resto de la harina y finalmente el resto de la nata hasta lograr una masa homogénea.

Con ayuda de la manga pastelera llena los huecos del molde.

Hornea unos 10-15 minutos o hasta que estén doraditas.

Desmóldalas sobre la mesa y déjalas enfriar sobre una rejilla.

Lava la bandeja y hornea otra tanda.

Calienta la nutella unos segundos en el microondas hasta que esté fluida. Úsala para decorar las donuts.

PALOMITAS DULCES

para ver el futbol

Para que no se te amargue la tarde aunque tu equipo pierda...

Para las palomitas

- 2 cucharadas de aceite de oliva suave
- 120 g de granos de maíz
- 2 cucharaditas de vainilla en pasta
- 100 g de mantequilla
- 120 g de azúcar glas
- Mini malvaviscos

FRESH
HOT
POPCORN

¿Cómo se hace?

Derretimos la mantequilla en el microondas o en un cazo, le incorporamos la vainilla y el azúcar y mezclamos súper bien.

Calentamos el aceite en una olla grande. Ponemos unos pocos granos y tapamos.

Cuando empiecen a estallar, añadimos con cuidado el resto de los granos.

Tapamos de nuevo y agitamos bien la olla mientras siguen estallando las palomitas dentro. Cuando los estallidos pasen a producirse cada 3-4 segundos, retiramos del fuego y abrimos con cuidado (sale vapor y nos puede quemar).

Trasladamos las palomitas a un bol resistente al calor.

13 Trucos de Pinky

Si te da flojera hacer todo este proceso, puedes usar palomitas de microondas, las de microondas, ¡¡pero que no sean saladas!!

Echamos la mezcla de mantequilla sobre las palomitas calientes, mezclamos súper bien.

Incorporamos un montón de mini nubes, que se desharán un poquito por efecto del calor de las palomitas.

MUFFINS DE DOS CHOCOLATES

para hornear mientras whatsappeas

Oh Dios mío. ¿Sabes esos días en los que tienes una conversación SÚPER interesante por whatsapp que no puedes ni despegar la mano del móvil? Esta receta está pensada para que no la despegues. Es tan fácil que creo que podrás hacerla usando sólo la otra mano... ¡¡Y ADEMÁS SÓLO MANCHARÁS UN RECIPIENTE!!

Para los muffins

- 115 g de mantequilla en trozos pequeños
- 150 g de chocolate negro en trozos pequeños
- 325 g de harina
- 1 cucharadita de levadura Royal
- 1 cucharadita de bicarbonato sódico
- 125 g de azúcar moreno
- 2 huevos L
- 180 ml de leche
- Media tableta de chocolate negro
- Media tableta de chocolate blanco

Mmm

¿Cómo se hace?

M mmmmmmmm

Precalentamos el horno a 180°.

Preparamos los papeles para muffins (o de cupcakes, en su lugar). (¡¡Hasta aquí sólo hemos usado una mano!!)

En un cazo grande, derretimos nuestros 150 g de chocolate negro troceado junto con la mantequilla.

Cuidado no despistarse: ¡¡que se quema!! Retiramos del fuego y dejamos templar un poco. (Momento ideal para seguir con la conversación de forma intensa, ¡¡a 2 manos!!)

Añadimos el azúcar y removemos con unas varillas. Incorporamos los huevos y batimos de nuevo.

el palabro "papeles para muffins"

Realmente son papeles de horno que se venden directamente recortados en cuadrado y plegados para ajustarse a la bandeja de horno de tamaño cupcake. Si no los encuentras puedes hacerlos caseros plegando el papel de horno tú mismo/a.

Finalmente, encima del cazo, tamizamos juntos todos los ingredientes secos: harina, levadura y bicarbonato. Removemos un poco y añadimos la leche.

Removemos con una espátula hasta que todo esté muy bien mezclado.

Ya sólo nos falta trocear las tabletas de chocolate y añadirlas a la masa.

Repartimos la masa en las cápsulas, llenándolas hasta al menos 3/4 de su capacidad.

Horneamos unos 25 minutos.

Dejamos templar en el molde y después nos los comemos. Tal cual. Con una mano. Los 12. Mmmmmmmmmmm... ¡¡CHOCOLATE!!

El truco de Pinky 13

Me parece fatal que a los gatos no nos dejen tener móvil. ¡Fatal!

CUPCAKES DE MANTEQUILLA DE CACAHUATE Y CHOCOLATE para sobrevivir a un examen

Aunque reprobar pueda parecer el fin del mundo, lo cierto es que vendrán más exámenes y seguro que a la siguiente ¡APRUEBAS! De todas formas, para levantarte el ánimo (y tomar energías para el siguiente examen), lo mejor es que ¡¡hornees estos cupcakes y endulces tus horas de estudio!!

Para 12 cupcakes

- 60 ml de aceite de oliva suave
- 170 g de azúcar
- 115 g de harina
- 50 g de cacao
- 3 buenas cucharadas de mantequilla de cacahuate
- 1.5 cucharaditas de levadura química
- 1 huevo L
- 75 ml de leche
- 1 cucharadita de extracto de vainilla
- 75 ml de agua hirviendo

Para la crema

Crema de cacahuate

- 55 g de mantequilla sin sal
- 150 g de azúcar superfino
- 130 g de mantequilla de cacahuate
- 45 ml de nata de montar o crema batida

Crema de chocolate

- 60 g de mantequilla sin sal
- 205 g de azúcar superfino
- 45 g de cacao en polvo sin azúcar
- 50 ml de leche semidesnatada

¿Cómo se hace?

Precalentamos el horno a 180°. Preparamos las cápsulas.

En un bol, tamizamos harina, cacao y levadura química. Reservamos.

Batimos aceite, azúcar y huevos hasta que están bien integrados. Añadimos la mantequilla de cacahuate. Incorporamos la mezcla de harina y cacao. Una vez la mezcla sea homogénea, incorporamos la leche y la vainilla y batimos de nuevo. Finalmente incorporamos el agua recién hervida. Batimos de nuevo.

Repartimos la masa en las cápsulas.

Horneamos 20 minutos o hasta que al introducir un palillo salga limpio.

Para hacer la CREMA DE CACAHUATE tamizamos el azúcar superfino y lo batimos con la mantequilla. Primero un minuto a velocidad mínima y luego, otros cinco minutos (como mínimo) a velocidad máxima, o hasta que la mezcla se aclare y gane volumen.

Incorporamos la nata y la mantequilla de cacahuate y batimos dos o tres minutos más.

Para hacer la CREMA DE CHOCOLATE tamizamos el azúcar superfino con el cacao y lo colocamos en un bol junto con la mantequilla y la leche.

Cubriendo el bol, batimos a velocidad baja un minuto.

Después subimos la velocidad y batimos al menos otros 5 minutos a velocidad alta. La crema de mantequilla se volverá cremosa y de color chocolate intenso.

Una vez fríos, descorazonamos los cupcakes y los rellenamos con la crema de cacahuate.

Después preparamos nuestra manga bicolor: necesitamos 3 mangas desechables y una boquilla.

Ponemos la boquilla a una de ellas y rellenamos las otras dos, sin boquilla, cortándoles la punta. Las metemos ambas dentro de la que sí tiene boquilla.

Decoramos los cupcakes con la manga, de dentro hacia fuera, en el sentido de las agujas del reloj.

Las
RECETAS
favoritas de
PINKY...

Cupcakes para gatos

¡Que sean peludos y bigotudos no debe ser razón para que no puedan comer cupcakes! Prepara estos cupcakes para tu gato (o gata) y verás cómo agita los bigotes de satisfacción. Pinky, en concreto, suele hacer: "Prrrrr prrrrrr".

Para 3 cupcakes

- 150 g de alimento seco (el que coma tu gato)
- 2 latas pequeñas de mousse para gatos
- 3 cápsulas de silicona para cupcakes

¿Cómo se hace?

Colocamos el alimento seco en la picadora y trituramos. Tardará MUCHO.

Resulta increíble pensar que los pobres gatos se coman estas bolitas. ¡¡Son duras como piedras!!

Añadimos cucharadas de agua y removemos. Una tras otra, hasta conseguir una masa tipo "cake pop".

Rellenamos las cápsulas de silicona.

Ponemos las dos latitas de mousse en un bol y batimos muy bien con un tenedor para que quede más cremoso.

Rellenamos una manga pastelera y decoramos los cupcakes con una boquilla de estrella grande. ¡¡¡Ya están listos para comer!!!

Nota: Es mucha comida para que se la coman toda de golpe. Con lo tragona que es Pinky, si no se lo quito, se lo come todo y ¡¡¡encima pide más!!!

¿¿Mucho??
¿¿¿¿Mucho???? Oye aquí la que hace la operación bikini eres tú y no yo. ¡¡Quiero mi cupcake entero!!
¡¡¡Ahora!!!

GALLETAS para PERROS

Aunque parezca imposible, a los perros les gusta la mantequilla de cacahuate casi tanto como a mí. Vas a ver la reacción de tu perro cuando abras la lata de galletas recién hechas... ¡¡Agárrala bien si no quieres que se la coma entera!!

Para un montón de galletas

- 260 g de mantequilla de cacahuate
- 180 ml de leche sin lactosa
- 2 huevos
- 250 g de harina integral
- 1 cucharadita de levadura
- 60 g de copos avena

¿Cómo se hace?

Precalentamos el horno a 180°.

Preparamos dos bandejas de horno con papel para hornear.

Batimos bien la mantequilla con la leche y los huevos. Añadimos el resto de ingredientes y mezclamos muy bien hasta tener una masa homogénea.

Hacemos una bola con ella.

Cogemos dos papeles de horno más y metemos la bola de masa en medio.

La estiramos con el rodillo. Cortamos las galletas con un cortapastas.

Colocamos las galletas sobre una de las bandejas que habíamos preparado con el papel de horno.

Juntamos los recortes, hacemos una bola de nuevo y la estiramos entre los dos papeles.

Horneamos las bandejas durante 15 minutos y hasta que tengan los bordes dorados.

Podemos poner pequeños trocitos de tocino frito por encima de las galletas, *¡tu perro se volverá loco!*

Después las sacamos con cuidado, y con ayuda de una espátula (*¡¡¡y sin quemarnos!!!*) les damos la vuelta una a una.

Horneamos otros 10 minutos o hasta que estén doraditas también por ese lado.

Las pasamos a una rejilla para que se enfríen y ¡¡ya están listas para consumir!!

El TOQUE FINAL...

regala, estampa, recorta ¡y sorprende!

Envase para galletas

Para el envase

- Botes de mermelada (o de conservas)
- Lazos de colores
- Stickers
- Cartulina
- Rotuladores
- Washi tape
- Tijeras

Lavamos muy bien los botes de mermelada y los secamos con cuidado.

Los rellenamos con galletas.

Anudamos un lazo en torno a la rosca antes de cerrar la tapa.

Decoramos la parte superior con un poco de cartulina para evitar que se vea que es un bote reutilizado.

Hacemos un bonito nudo o lazo.

Aprovechamos para enganchar una etiqueta explicando de qué son las galletas.

También podemos incorporar un sobrecito que incluya la receta.

Lo decoramos usando washi tape.

Truco de Pinky 13

Rellena el bote de comida para gatos y regálamelo a mí. ¡¡Me va a encantar sí o sí!!

Bigotes de fiesta

Para los bigotes

- Cartulina de colores oscuros
- Rotulador negro
- Popotes de papel
- Cinta adhesiva
- Tijeras

Truco de Pinky 13

Busca popotes de lunares o rayas marrones o negras, ¡quedan taaaaan monos!

Dibujamos bigotes de todas las formas que se te ocurran por el revés de las cartulinas.

Recortamos con cuidado la silueta.

Pega cada bigote a un popote con cinta adhesiva.

Si quieres hacer minibigotes para tu gato, o perro, o conejo (o lo que sea), pégalos mejor a un palillo.

Banderitas para tarta

Para las banderitas

- Cartulina de colores
- Cordel de colores
- Palillos de brocheta
- Tijeras
- Punzón

Truco de Pinky 13

También puedes hacerlo a lo grande para decorar un cumpleaños o tu habitación o tu gatera...

Recortamos un montón de triángulos iguales.

Con el punzón, perforamos dos agujeros en la base de cada triángulo.

Pasamos el cordel por los agujeros hasta tener una buena cantidad de triángulos unidos.

Anudamos cada extremo a un palillo de brocheta. ¡Ya está listo para decorar tu tarta como hacen los profesionales!

Bolsas para gomitas, galletas, regalos...

Para las bolsas

- Bolsas de papel kraft
- Calcomanías de colores
- Perforadora de papel
- Lazos de colores
- Cartulina
- Rotuladores
- Tijeras

En primer lugar rellenamos las bolsas con aquello que queramos regalar.

Si las galletas o dulces sueltan un poco de "grasita" es mejor que las envolvamos previamente en una bolsa de plástico o un poco de papel encerado, para que no manchen el papel.

Doblamos la parte superior hacia atrás y usamos la perforadora de papel para hacer dos agujeros por los que pasaremos el lazo.

Hacemos un bonito nudo o lazo.

Aprovechamos para enganchar una etiqueta explicando para quién es el regalo.

Decoramos el resto de la bolsa con pegatinas.

Truco de Pinky 13

También puedes usar un sello que ponga "made with love" o "cocinado por" para decorar la bolsa.

Stand casero para cupcakes

Para el stand

- Boles chiquititos
- Platos
- Pegamento de contacto

Aplicamos pegamento sobre la base del bol y lo fijamos bien centrado en el plato.

Ten cuidado de no pegarte los dedos al plato ni al bol.

Ponemos encima un peso. Esperamos a que se seque el pegamento.

Ten en cuenta que a veces el pegamento no es muy fiable y puede despegarse de nuevo, así que antes de usar el stand, revisa que sigue pegado.

Truco de Pinky 13

Si sólo quieres el stand para una foto o piensas que tu madre te va a matar cuando vea que has pegado el plato de la vajilla de los domingos a un bol, usa masilla adherente o pegamento de los que son fáciles de eliminar.

Cajas para golosinas

Para las cajas

- Hueveras nuevas
- Lazos
- Golosinas
- Etiquetas o stickers bonitos

13 Truco de Pinky

También puedes usar estas cajas para transportar mini cupcakes o bolitas de galleta. Otra idea es rellenarlas de huevos coloreados cuando llegue Pascua.

A la hora de usar hueveras recuerda SIEMPRE que han de ser nuevas. Si han estado en contacto con huevos pueden estar contaminadas con *Salmonella.* Puedes comprarlas en tiendas de manualidades y en muchos supermercados.

Decoramos cada caja con lazos, stickers… También puedes usar washi tape, papel de regalo.

Las rellenamos con golosinas.
¡A COMER!

Recetario casero

Para el recetario

- ✱ Papel kraft
- ✱ Rotuladores
- ✱ Stickers con letras del alfabeto
- ✱ Cordón de colores o gusanos de encuadernar
- ✱ Perforadora de papel

Decoramos uno de los papeles como portada del recetario.

Creamos además un separador para cada categoría de recetas (postres, pasta, batidos...).

Preparamos el resto de papeles indicando en cada uno:

- ✱ Receta
- ✱ Ingredientes
- ✱ Dificultad / tiempo
- ✱ ¿Cómo se hace?

Usamos la perforadora de papel para hacer dos agujeros por los que pasaremos el cordel o los gusanos de encuadernar.

Anota todas tus recetas... ¡así nunca se te perderán!

Truco de Pinky 13

Lo mejor de crear tu propio recetario es que no tienes que poner tantas secciones como en los que venden. De hecho mi recetario sólo tiene dos secciones: postres y cocktails.

¡Así de sencilla soy yo!

Sellos caseros

Para los sellos

- Base de goma para sellos
- Gubia para sellos
- Papel vegetal
- Tinta de colores

Truco de Pinky 13

¿No te apetece comprar tantos materiales? Toma una papa, córtala por la mitad y talla tu sello con un cuchillo afilado (¡¡cuidado no te cortes!!). ¡A estampar todo con la papa! PD: ¿Lindo mi sello o no?

Dibujamos en papel vegetal el diseño que vamos a reproducir en el sello.

Lo ponemos sobre la base de goma y presionamos para que se calque el dibujo.

Cortamos sólo el trocito de goma que vamos a necesitar para el sello.

Usamos la gubia para ir recortando la goma de forma que sólo el dibujo quede en relieve. ¡Cuidado que cortan mucho!

¡Ya puedes mojar el sello en la tinta y estampar todo lo que encuentres!

Puñados de gracias

Este es mi primer libro como co-autora y la verdad es que no podría haber buscado una compañera mejor que Pinky. GRACIAS Pinky por haberme ayudado tanto con este libro, siento que no hayamos podido incluir más recetas para gatos pero prometo que en un futuro haremos uno exclusivamente para ti en el que haya miles de recetas gatunas. Eres la mejor gatita del mundo y te quiero. ❤

GRACIAS también a mis padres por apoyarme siempre y seguir entendiendo mis locuras pese a que cada vez son peores. Prometo sentar la cabeza en algún momento. Los quiero. ❤

GRACIAS a Lucas por dejar que Tris probara mis experimentos perruno-culinarios y por conseguir que en mi cara haya una sonrisa permanente. Te quiero con locura. ❤

GRACIAS a Jesús por tener los perros lanudos más locos del mundo mundial. Me siento orgullosa de ser la artista invitada de la Monguer Band. Próximamente gira de conciertos. ❤

GRACIAS a Mar, Julia y David por haberse prestado a salir en este libro conmigo. Gracias por estos años de apoyo y cariño. ¡Son lo más! Verlos en las firmas de libros, en las redes sociales y en los cursos me hace súper feliz. Gracias. ❤

GRACIAS a Pilar Nestar por todo. ❤

GRACIAS a Tris, Turco, Tao y Abuelo por haber aguantado estoicamente la sesión de fotos perruna. Con modelos como ustedes es imposible que algo salga mal. Son los mejores perros del mundo.

GRACIAS a Anna, Laia y el resto de gente de Alfaguara que me ha tratado con tanto cariño. Espero que esto sólo sea el comienzo de mucho más.

GRACIAS a Marce y Cruz por hacerme sentir y parecer una verdadera princesa. Sé que sacarme de los vaqueros y las camisetas chungas es todo un reto. No sé qué sería de mí sin ustedes.

GRACIAS a Nacho de Light Up, contigo las sesiones de fotos son siempre un placer.

A todos los niños, niñas, adolescentes, jóvenes... que me siguen y hacen mis recetas. Me hace feliz saber que les gusta hornear tanto como a mí. Mil besos especialmente a los peques que más veo: Olmo y Noel, Aitana e Izan, Claudia y Alejandra. ¡Son lo más!

A toda la gente que me sigue por Facebook y Twitter, por estar siempre ahí. GRACIAS. También a tod@s l@s que han asistido a una de mis firmas de libros o a mis talleres. A todas las personas que me siguen en el blog o me ven por la tele y me escriben emails, mensajes, tweets...

Gracias por su cariño.

Todo se lo debo a ustedes.

Mil millones de gracias.

Julia

Lo que me encanta de cocinar con Alma es la alegría y la pasión que pone en todas sus recetas. Ella es una gran inspiración.

David

Siguiendo los consejos de Alma he aprendido a manejarme entre batidoras y mangas pasteleras y a pelear por mis sueños.

Mar

Mi solete, gracias por enseñarme que con solo un bote de 5kg de Nutella se puede ser más feliz. Simplemente, gracias por todo.

¡Gracias Alma por enseñarnos a hacer estos postres tan divinos y por animarnos a perseguir nuestros sueños!

Con todo nuestro cariño

El papel utilizado para la impresión de este libro ha sido fabricado a partir de madera procedente de bosques y plantaciones gestionados con los más altos estándares ambientales, garantizando una explotación de los recursos sostenible con el medio ambiente y beneficiosa para las personas. Por este motivo, Greenpeace acredita que este libro cumple los requisitos ambientales y sociales necesarios para ser considerado un libro «amigo de los bosques». El proyecto «Libros amigos de los bosques» promueve la conservación y el uso sostenible de los bosques, en especial de los Bosques Primarios, los últimos bosques vírgenes del planeta.

Primera edición: abril 2015

Penguin Random House Grupo Editorial, S.A. de C.V.
Blvd. Miguel de Cervantes Saavedra núm. 301, 1er piso,
Colonia Granada, delegación Miguel Hidalgo, C.P. 11520,
México, D.F.

Ilustraciones (gatos) Lola Rodríguez Soler
Fotografías: LightUp Fotografía
Estudio de fotografía: Estudio Palladio Cocinas
Diseño y maquetación: Andrea Vega. Adosaguas Contenidos Multiplataforma

Grafismo: Thinkstock by Getty Images

www.megustaleer.com
Comentarios sobre la edición y el contenido de este libro a:
megustaleer@penguinrandomhouse.com

Impreso en México

ISBN: 978-607-31-2981-7

Impreso en los talleres de
Editorial Impresora Apolo, S.A. de C.V.
Centeno núm. 150-6, colonia Granjas
Esmeralda, México, D.F.

Penguin Random House Grupo Editorial